Inhalt

Critical-Chain-Projektmanagement (CCPM) - sind Zeitpuffer in der Projektplanung zukünftig überflüssig?

Kernthesen

Beitrag

Fallbeispiele

Weiterführende Literatur

Impressum

Critical-Chain-Projektmanagement (CCPM) - sind Zeitpuffer in der Projektplanung zukünftig überflüssig?

I.Lukmann

Kernthesen

- Critical-Chain-Projektmanagement beschreibt einen neuen Ansatz im Bereich des Projektmanagements. (1), (2)
- Eine der wichtigsten im Projektmanagement verwendeten Variablen ist die Pufferzeit, welche durch die CCPM-

Methode maßgeblich reduziert werden kann. (2), (5)
- So können Projekte durch CCPM deutlich vor Ende des Planungszeitraums ihre Zielvorgaben erreichen. (1), (2)

Beitrag

Projektmanagement ist ein wichtiger Pfeiler in der Führung von Unternehmen geworden. So sind beispielsweise die Planung von Innovationsprojekten und deren zeitliche Umsetzung entscheidend für den Erfolg eines Unternehmens. Dies wird maßgeblich durch eine effiziente Umsetzung des Projektmanagements gestützt. (3), (5)

Klassisches Projektmanagement

Elemente

Im klassischen Projektmanagement werden in der Regel komplexe Projekte in einzelne Teilprojekte oder Arbeitspakete geteilt. Für diese einzelnen Teile werden anschließend Bearbeitungszeiten von den am Projekt beteiligten Mitarbeitern geschätzt und an den

Projektleiter weitergegeben. Anschließend werden die geschätzten Zeitspannen meist als verbindliche Terminvorgaben vom Projektleiter in einen Projektplan integriert. (2)

In diese Form der klassischen Projektplanung können sich jedoch starke zeitliche Verzögerungen durch nachfolgende Umstände einschleichen.

Verzögerungsgründe

-Mitarbeiter planen in ihre Schätzungen jeweils eigene Zeitpuffer ein. Diese sind in der Regel sehr großzügig bemessen, um in jedem Fall die terminlichen Vorgaben erfüllen zu können. Auf diese Weise werden geschätzte 50 Prozent der gesamten Projektzeit einer so genannten Sicherheitsreserve zugeordnet.

-Zu einer weiteren Verzögerung im gesamten Projektablauf kommt es, weil Mitarbeiter selbst bei großzügiger Zeitplanung ihren Sicherheitspuffer in der Regel voll ausschöpfen (Studentensyndrom).

-Terminüberschreitungen sind dann zu erwarten, wenn Mitarbeiter, bedingt durch eine zeitliche Verzögerung der Vorgänger, erst verspätet ihre Arbeitspakete bearbeiten können.

-In dem Fall, dass ein Mitarbeiter früher als geplant mit seinem Arbeitspaket beginnen kann, ist nicht mit einer Verkürzung der Projektlaufzeit zu rechnen. Da der betreffende Mitarbeiter seine zusätzliche Zeit voll ausschöpfen wird und sein Arbeitspaket erfahrungsgemäß termingerecht abliefert.

Die eben genannten Widrigkeiten in der klassischen Projektplanung machen deutlich, dass die Form der Zeitschätzung, Pufferzeitplanung sowie eine zusätzliche Berücksichtigung von Sicherheitsreserven in jedem Fall zu einem suboptimalen Projektergebnis führen.

Neuansatz Critical-Chain-Projektmanagement (CCPM)

CCPM sieht vor allem eine innovative Planung von Pufferzeiten und Sicherheitsreserven vor.

Elemente

-Schätzungen der Mitarbeiter werden vom Projektleiter nicht per se zu Terminzusagen gewandelt. Dadurch werden Pufferzeiten der Mitarbeiter sowie die ebenso geplanten Pufferzeiten des Projektleiters vorweg reduziert. (1)

-Der Projektleiter lässt die Projektmitarbeiter für ihre Arbeitspakete realistische Zeitspannen ohne fiktive Pufferzeiten schätzen. (2)

-Da in jeder Projektplanung normalerweise ein Puffer notwendig ist, wird diese Sicherheitsreserve künftig nicht an die einzelnen Arbeitsschritte gebunden, sondern subsumiert und an das Ende der Projektzeitplanung gestellt. Dies sichert das Projekt ausreichend ab, ohne einzelne Verzögerungen - bedingt durch die oben genannten Zusammenhänge- zu provozieren. (1), (2)

-Kernelement dieses neuen Ansatzes ist das so genannte Prinzip des Staffellaufs. Ähnlich wie im sportlichen Pendant, startet zunächst ein Mitarbeiter mit seiner Aufgabe und übergibt diese anschließend an den nächsten Mitarbeiter, der mit seiner Aufgabe fortsetzt. In der Bearbeitungszeit jedes Mitarbeiters wird diesem konsequent der Rücken freigehalten, sodass dieser sich ganz gezielt und ausschließlich auf seinen Beitrag konzentrieren kann. Der Clou besteht darin, dass die Mitarbeiter auf diese Weise effizienter, qualitätsorientierter und schneller Arbeiten können. Eventuelle Zeitverzögerungen, die dennoch entstehen können, werden aus der Pufferzeit am Projektplanende gezogen. (1), (2)

Neue Aufgaben des Projektleiters

Die Projektleitung darf nicht mehr ausschließlich in Arbeitspaketen denken, sondern sollte in der Planung vor allem die Mitarbeiterressourcen berücksichtigen. Die in der klassischen Projektplanung besondere Beachtung des kritischen Pfades, der längsten Kette an Arbeitspaketen, die voneinander abhängig sind, wird durch die Beachtung der so genannten kritischen Kette ersetzt. Diese beschreibt die längste Kette voneinander abhängiger Aufgaben. Hierbei berücksichtigt die kritische Kette zusätzlich alle Abhängigkeiten, die zwischen den Ressourcen bestehen. Die kritische Kette symbolisiert so den Engpass des Projektes d. h. je schneller an dieser Stelle Fortschritte verzeichnet werden, desto schneller ist der Gesamtfortschritt des Projektes. Der Projektleiter legt seinen Fokus auf die Beachtung der kritischen Kette. Eine Kombination aus der Berücksichtigung der kritischen Kette und der verbleibenden Pufferzeit aus der Projektplanung ist ein aussagekräftiger Indikator, um Erfolgsaussagen zur terminlichen Fertigstellung des Projektes treffen zu können. (1), (2)

Schwierigkeiten bei der Einführung der CCPM-Methode

Die Neuorientierung im Projektmanagement stößt bei deren Einführung oft auf einige Schwierigkeiten. Folgende Probleme sind denkbar:

-Der geplante Zeitpuffer am Ende des Projektes sollte von der Geschäftsführung nicht subtrahiert werden. Gerade wenn durch diese Methode Projekte vorzeitig beendet werden können, bedeutet dies nicht, dass eine Sicherheitsreserve nicht notwendig ist.

-Die Planung in Vorgängen wird durch die Planung in Ressourcen ersetzt. In Ressourcen zu planen erfordert eine Änderung der Denkweise von Projektleitern. (1)

Fallbeispiele

Transtechnik ist Hersteller von so genannten Umrichtern. Diese transformieren Gleichstrom in

Steckdosenstrom, wie dies beispielsweise in Zügen beim Gebrauch von Laptops genutzt wird. Da die einzelnen Züge jedoch maßgeschneiderte Umrichter benötigen, ist die Schnelligkeit der Entwicklungsabteilung von Transtechnik entscheidend für eine schnelle Auftragsbearbeitung. Transtechnik hat es geschafft, trotz gleich bleibender Ressourcen und bei gleichem Budget, die Projektzeit um ein Drittel zu reduzieren und darüber hinaus noch vor Ende der Projektzeit die Umrichter fertig zu stellen. Erreicht wurde dieses Ziel mittels einer Neuorientierung im Projektmanagement durch den konsequenten Einsatz der CCPM-Methode. (1)

Dr. Thomas Endres, CIO der Lufthansa AG, hat auf einer Konferenz sechs Kernbotschaften einer sinnvollen Projektarbeit identifiziert. Darunter waren beispielsweise Stichworte wie Auftragsklärung, Portfoliomanagement, Lifecycle-Management oder Erfahrung zu finden. Vor allem Letztere wird bei der Lufthansa groß geschrieben. Im Rahmen des so genannten energiesparenden Projektmanagements sorgt Spezialist Peter Ueberfeldt dafür, dass aus den reichhaltigen Erfahrungsschätzen der Projektleiter von Lufthansa bestimmte Erfahrungselemente gesammelt werden. Diese werden als so genannte Lessons Learned anderen Kollegen für die Zukunft zur Verfügung gestellt. (6)

Die Deutsche Telekom hat ihre Projektmanagement-Systeme grundlegend neu organisiert. Hierzu wurde ein ganzheitlicher Ansatz, genannt PM-Excellence, entwickelt. Die zentralen Kernfelder sind ein instrumentell-organisatorischer Rahmen, Prozesse für das Einzel- und Multiprojektmanagement sowie besondere personelle Rahmenbedingungen. (7)

Weiterführende Literatur

(1) Das aktuelle Stichwort: "Critical-Chain-Projektmanagement"
aus Projektmanagement, Heft 2/2005, S. 14-15

(2) "Ruhe bitte! Hier arbeitet die ‚Kritische Kette'!" - Bahnstromspezialist Transtechnik nutzt Critical-Chain-Projektmanagement
aus Projektmanagement, Heft 2/2005, S. 8-13

(3) Projektmanagement als Erfolgsfaktor der Unternehmensführung
aus Projektmanagement, Heft 2/2005, S. 2

(4) STUDIE: WORAN PROJEKTE SCHEITERN Mehr Projektleiter-Coaching gefordert
aus wirtschaft&weiterbildung, Vol. 18, Heft 03/2005, S. 43

(5) Mangelnde Projektkompetenz gefährdet wirtschaftliches Überleben - Jährlicher Schaden: 150

Milliarden Euro
aus is report, Heft 1-2/2005, S. 50

(6) "Energiesparendes Projektmanagement" durch lernende Teams - Lessons Learned: Lufthansa Systems hebt Erfahrungsschatz
aus Projektmanagement, Heft 2/2005, S. 3-7

(7) Was macht Projekte wirtschaftlich? - Neue Projektmanagement-Systeme im Konzern Deutsche Telekom
aus Projektmanagement, Heft 2/2005, S. 30-41

Impressum

Critical-Chain-Projektmanagement (CCPM) - sind Zeitpuffer in der Projektplanung zukünftig überflüssig?

Bibliografische Information der deutschen Nationalbibliothek

Die Deutsche Nationalbibliothek verzeichnet diese Publikation in der deutschen Nationalbibliografie; detaillierte bibliografische Daten sind im Internet über http://dnb.d-nb.de abrufbar.

ISBN: 978-3-7379-0175-8

© 2015 GBI-Genios Deutsche Wirtschaftsdatenbank GmbH, Freischützstraße 96, 81927 München, www.genios.de

Alle Rechte vorbehalten. Dieses Werk ist einschließlich aller seiner Teile – z.B. Texte, Tabellen und Grafiken - urheberrechtlich geschützt. Jede Verwertung außerhalb der Grenzen des Urheberrechtsgesetzes bedarf der vorherigen

Zustimmung des Verlags. Dies gilt insbesondere auch für auszugsweise Nachdrucke, fotomechanische Vervielfältigungen (Fotokopie/Mikroskopie), Übersetzungen, Auswertungen durch Datenbanken oder ähnliche Einrichtungen und die Einspeicherung und Verarbeitung in elektronischen Systemen.